Editado por

CORRIENTE ROJA
Sección de la Liga Internacional de los Trabajadores
Cuarta Internacional en el Estado Español

www.corrienteroja.net
www.litci.org/es/

¿Qué es... ?

Henrique Canary

miembro de la Secretaría Nacional de Formación del PSTU (sección brasileña de la LITci)

1

QUÉ ES LA EXPLOTACIÓN

Dentro de la estación de metro de *Barra Funda*, en São Paulo, hay una pequeño kiosco de lotería. Allí nadie ganó nunca nada, pero siempre está llena. El éxito del emprendimiento no se debe a su buena localización, sino a su nombre: "¡Adiós, patrón!". El sueño de verse libre para siempre del trabajo de forma inmediata invade la cabeza de los que pasan y las ganas de probar suerte sencillamente se hace irresistible. Imagínate que ganas...

Después del kiosco de lotería, se pasa por las catracas, se desciende la escalera mecánica y se entra en el vagón abarrotado. De repente, el sueño se desmorona. Se percibe que los R$ 2,00 de la apuesta han sido tirados a la basura. Es un hecho consumado que la inmensa mayoría de nosotros está condenada a trabajar la vida entera. Al final de nuestra existencia, habremos trabajado de 8 a 12 horas por día, 26 días por mes durante 35 a 40 años. El trabajo, nuestro medio de vida, nos habrá chupado nuestra propia vida. ¿Quién, en esas condiciones, no querría dar un adiós definitivo al patrón y disfrutar de la vida?

¿Pero por qué todo el mundo sueña con ganar la lotería y parar de trabajar? Está claro que el trabajo es duro, pero al mismo tiempo crea maravillas. Basta con mirar a nuestro alrededor. Cuando trabajamos, aún sin saberlo, somos parte de un todo único e indivisible llamado *sociedad*. El trabajo debería despertar nuestros trazos más humanos: la inteligencia, la cooperación y la solidaridad. ¿Por qué no pasa eso? La respuesta es evidente: porque en la sociedad capitalista el trabajo no es la realización de nuestras capacidades y talentos, sino un sufrimiento al servicio del lucro. El lucro de otro, del patrón.

El trabajo bajo el capitalismo

El capitalismo se caracteriza por presentar las relaciones entre el patrón y el trabajador como si fueran libres y justas: el trabajador no está obligado a aceptar la propuesta de empleo del patrón. Y aunque haya aceptado, puede abandonar el empleo en cualquier momento. El patrón, por su parte, tampoco está obligado a contratar al trabajador. Y aun habiéndolo contratado, no necesita mantenerlo. Pagando algunas multas, puede despedirlo en cualquier momento.

El contrato de trabajo también parece bastante justo: 8 horas de trabajo por día a cambio de un salario mensual que garantizará el sustento del trabajador e incluso de su familia. ¿Puede existir un cambio más justo? ¿Más democrático?

Comienza el trabajo. Las máquinas son conectadas, los engranajes giran, las palancas empujan. El cemento se mezcla, el petróleo se refina, los tejidos se cosen... Al final del día se puede ver la magia del trabajo: un piso nuevo donde antes sólo había armazones de hierro, una pila de ropas donde antes sólo había telas, un coche donde antes sólo había piezas sueltas, gasolina donde antes sólo había óleo bruto. Se crean así nuevas riquezas que no existían antes y que tienen un valor determinado: R$ 25.000,00 si se trata de un coche, R$ 25,00 si es una blusa, etc.

¿Dónde está la explotación?

La ironía del sistema capitalista es que la explotación se da exactamente a través del hecho más esperado por el trabajador: ¡el pago del salario! El sistema salarial es el mecanismo fundamental de la explotación capitalista. Si no hubiera salario, es decir, si la retribución al obrero por los servicios prestados tuviera que darse de otra forma, los capitalistas no conseguirían explotar el trabajador. Vamos a verlo.

La producción media de la industria automovilística, según los datos de la propia patronal, está hoy en 2,25 coches por trabajador por mes. Redondeemos a 2, sólo para facilitar las cuentas. Eso significa que, a lo largo de 1 mes, cada trabajador del sector produce una media de 2 coches. Suponiendo que el valor medio de esos coches, para tomar sólo los más baratos, sea de R$ 24.000,00, cada trabajador genera, a lo largo de 1 mes, un total de R$ 48.000,00 en nuevas riquezas que antes no existían. Supongamos también que el salario de ese trabajador sea de R$ 2.000,00 y que él trabaje, de hecho, sólo 24 días por mes, pues libra los domingos y algunos sábados. Dividiéndose los R$ 48.000,00 por los 24 días en que el trabajador trabaja, tenemos exactos R$ 2.000,00. Esto representa, como media, el valor generado por un trabajador de la industria automovilística *en un único día de trabajo*. Es decir, el trabajador medio de una montadora produce en un único día el valor de su propio salario mensual. Pero el contrato "justo y democrático" establecido con el patrón dice que el trabajador deberá trabajar no sólo 1 día, sino 24 días enteros. Solamente después de eso recibirá su salario. Esto significa que, en 1 mes, el trabajador trabaja 1 día para pagar su salario y los otros 23 días *trabaja absolutamente gratis*, sin ninguna contrapartida por parte del patrón.

O sea, en el sistema capitalista la explotación no está en el hecho del salario ser alto o bajo. ¡Qué bueno sería si el problema fuera solamente ese! Está claro que el aumento del salario del trabajador es un duro golpe en el patrón y reduce la explotación, pero no la elimina por completo. Si el salario de nuestro metalúrgico se duplicase hasta R$ 4.000,00, entonces trabajaría 2 días para pagar su salario y 22 días *gratis* para el patrón. Si se triplicase hasta R$ 6.000,00, trabajaría 3 días para pagar su salario y 21 días *gratis*, etc. Ningún aumento salarial jamás conseguirá eliminar la explotación. Siempre, independientemente del salario del trabajador, habrá una parte de la jornada que él trabajará *gratis*.

Es evidente que ese nivel de explotación cambia, dependiendo del ramo de la industria y de la profesión ejercida. Algunas categorías son más explotadas que otras, es decir, trabajan más tiempo *gratis* para el patrón. Otras menos, etc. Pero en toda y cada una de las empresas en las que los trabajadores venden su fuerza de trabajo durante un cierto tiempo a cambio de un salario, ese fenómeno se repetirá: *trabajo gratuito para el patrón*. Ahí reside la "mágica" del capitalismo: que el trabajo del trabajador genera mucha más riqueza de la que él recibe de vuelta en forma de salario. La diferencia entre lo que produce y lo que recibe como salario se llama *plusvalía*. Se trata del trabajo no-pagado por el capitalista.

En realidad no toda la riqueza generada de más por el trabajador se la queda el patrón. Toda empresa tiene lo que se llaman "costes de producción": materias primas que deben ser repuestas, máquinas que se desgastan, etc. Una parte de la riqueza producida por los trabajadores va directamente para cubrir esos costes, sin siquiera pasar por el bolsillo del patrón. De cualquier forma, sigue siendo trabajo gratuito, por el cual el trabajador no recibe ni un solo centavo.

El lucro: resultado de la explotación

Como se ve, explotación y lucro son cosas diferentes. El lucro sólo *refleja* la explotación, pero no es la propia explotación. El lucro del patrón puede ser mayor o más pequeño en función de los gastos de la empresa, caída de los precios, etc. Es decir, es un problema de mercado. Ya la explotación es más profunda. Se da en el *propio acto de la producción*: el trabajador, en sólo 1 día, paga su salario y, sin saberlo, continúa trabajando 23 días más, creyendo que aún está en deuda con el patrón.

Cuando los trabajadores hacen huelga por un aumento salarial, los patrones muestran centenares de tablas para probar que el aumento que se pide es inviable, que la empresa va a quebrar, etc. Esas tablas son, en general, mentirosas, no porque las empresas no tengan gastos -que los tienen. Son mentirosas porque el aumento pedido por los trabajadores nunca llega a afectar los compromisos asumidos por las empresas junto a proveedores y bancos. Los aumentos pedidos por los trabajadores son, en general, bastante modestos y sólo afectan el lucro de la empresa, o sea, aquel dinero que va limpito para el bolsillo del patrón, ya descontados los gastos. Pero como el patrón no tiene la más mínima intención de deshacerse de ese lucro, intenta presentar su tragedia (disminución del lucro) como si fuera la tragedia de la empresa, pero en verdad son cosas bien diferentes.

Aunque hay una gota de verdad en los ríos de lágrimas llorados por los patrones. Y es la siguiente: de hecho, las empresas no soportan un aumento significativo de los salarios porque *todo* el sistema capitalista está basado en el trabajo gratuito de los trabajadores. Si los trabajadores tuviesen un aumento salarial más allá de un determinado nivel, *todo el sistema* se podría desmoronar porque no es sólo el dueño de la fábrica quien le chupa la sangre al obrero. También el banquero, el proveedor de materia prima, el gobierno y los accionistas viven del trabajo gratuito realizado por el obrero de la fábrica. Cuando el patrón habla en "pagar los gastos", quiere decir: *"entregar a otros capitalistas una parte del trabajo gratuito que usted realiza aquí dentro de mi fábrica"*.

El problema es el propio capitalismo

Así, vivimos en una sociedad que vive del trabajo *gratuito* de una parte de la población. Esa inmensa mayoría, que trabaja la mayor parte del tiempo *gratis* sin ni siquiera saberlo, creyendo que está siendo pagada, sostiene los lujos de una ínfima minoría. Esa ínfima minoría se mantiene como una clase privilegiada sólo porque es propietaria de las fábricas, constructoras, refinerías, bancos, etc. ¿Pero cómo se hicieron propietarios? Esa es una pregunta que ni siquiera ellos sabrán responder. Hablarán de alguna herencia, de su "espíritu emprendedor", se enrollarán, tartamudearán, pero no conseguirán explicar el verdadero origen de su riqueza. ¿Y por qué? Porque saben que su riqueza tiene origen en el trabajo gratuito de los otros. Y sería muy vergonzoso admitirlo ante toda la sociedad: *"soy rico porque exploto el trabajo de los otros, porque otros trabajan gratis para mí"*. Nadie quiere aparecer como chupa-sangre y parásito. No queda bien con la alta sociedad.

El capitalismo es, por lo tanto, un sistema que carga en su propio funcionamiento la lógica de la explotación. Por eso, bajo el capitalismo, es imposible erradicar ese mal. El desafío de nuestra clase es la destrucción de ese sistema y su sustitución por otro: un sistema fundado en el principio de que cada uno retira de la sociedad una cantidad de riqueza proporcional a su trabajo. El principio: *para cada uno, según su trabajo y no según sus posesiones.* En otras palabras, un sistema socialista, donde los trabajadores sean señores de su propio trabajo y puedan decir en alto y claro y a una única voz: *¡Adiós, patrón! ¡Hasta nunca más!*

ANEXO: El papel de los sindicatos

Los sindicatos son las organizaciones creadas por la clase trabajadora para luchar por mejor remuneración y condiciones de trabajo dentro del sistema salarial. Por eso, sólo a través de la lucha corporativa, los sindicatos son incapaces de acabar con la explotación. Para ello, necesitarían volverse contra el propio sistema salarial, o es decir, contra el capitalismo. Mientras no hacen eso, su lucha se reduce a una lucha sólo por *reducir* la explotación, o sea, una lucha dentro del sistema. Esa lucha es fundamental, finalmente, hace mucha diferencia trabajar 36 ó 44 horas por semana, ganar R$ 1.000,00 o R$ 2.000,00 por mes. Pero es importante que todo activista y luchador social entienda esa limitación de los sindicatos, que, por lo menos hoy, no están volcados en una lucha contra el propio sistema, incluso aunque sean muy combativos y sus direcciones estén de verdad al lado de los trabajadores.

De cualquier forma, los sindicatos tienen un enorme papel. Todo sindicato, por ejemplo, debería suministrar a los trabajadores informaciones claras que permitieran calcular con precisión la tasa de explotación de determinada categoría, la cantidad de tiempo que se trabaja gratis en ésta o en aquella empresa. Eso puede ser hecho en cualquier categoría: en la construcción civil, estableciéndose el valor medio del metro cuadrado construido, el salario y la productividad media de cada obrero; en el sistema bancario, determinándose el volumen de tasas bancarias e intereses recogidos por los bancos en contraposición al salario medio del bancario, etc.

Es fundamental que los trabajadores exijan esas

informaciones a sus sindicatos. La conciencia de que los trabajadores trabajan una parte de la jornada *gratis* es el primer paso para una conciencia verdaderamente clasista, socialista y revolucionaria.

2

QUÉ ES LA IDEOLOGÍA

Cuenta una bella leyenda judaica que en un pasado distante toda la humanidad vivía unida y hablaba la misma lengua. Habiendo dominado las técnicas de construcción y descubierto su propio poder creativo, los hombres decidieron construir una torre tan alta, que su parte superior llegaría hasta el cielo y así podrían ver al creador. Irritado con la arrogancia humana, Dios resolvió confundir la lengua de los hombres con diferentes idiomas, para que de esta forma la gigantesca construcción no prosperase. Al no entenderse más, los trabajadores de la obra no pudieron coordinar sus esfuerzos y la torre acabó desmoronándose, fruto del caos que se instauró.

La leyenda sobre la Torre de Babel tiene mucho que enseñarnos, aunque las lecciones no son sobre la vanidad humana, el poder de dios ni el origen de los idiomas modernos, sino sobre algo mucho más concreto: el funcionamiento de nuestra sociedad.

De la misma forma que en la Torre de Babel, la humanidad, incluso sin saberlo, realiza una gran obra colectiva y coordina sus esfuerzos para ello: los coches producidos en Brasil son vendidos en Argentina, llevados hasta allí en barcos fabricados en Japón, pero que pertenecen a armadores griegos, que emplean marineros filipinos. No hay en el mundo un único bien material que no sea fruto de los trabajos conjugados de miles de hombres y mujeres.

También como en la leyenda, la mayoría de los participantes de esa inmensa obra llamada sociedad "habla la misma lengua", es decir, comparte ciertas ideas y valores, tiene una misma "visión de mundo". Por compartir las mismas ideas, las personas acaban teniendo también un comportamiento parecido. A estas ideas o conjunto de ideas que moldean el comportamiento humano, las llamamos ideologías.

¿Para qué sirven las ideologías?

El papel de las ideologías es garantizar el funcionando de la sociedad. Entonces, ¿qué ocurriría, por ejemplo, si los trabajadores ignorasen las leyes sobre la propiedad privada y decidieran tomar para sí las fábricas, los bancos y los latifundios? ¿O si las mujeres se rebelasen contra el machismo y comenzaran a reaccionar violentamente ante cualquier situación de opresión? ¿O si los homosexuales se organizaran para darles palizas a los neonazis griegos de Amanecer Dorado? Está claro que se eso ocurriese, el orden burgués establecido se colapsaría y la sociedad, tal y como la conocemos, se desmoronaría sobre sí misma como una enorme Torre de Babel.

Para que eso no se dé, para que la dominación capitalista siga su curso con tranquilad, es necesario que las personas acepten pasivamente las condiciones de explotación y opresión a las que están sometidas. ¿Y cómo conseguir eso sin recurrir permanentemente a la violencia? Pues a través de las ideologías.

Se crea así la ideología de que la propiedad privada es sagrada y que los grandes empresarios, banqueros y petroleros son héroes nacionales; la ideología de que las mujeres son propiedad de sus maridos y a ellos les deben respeto y obediencia; la ideología de que la homosexualidad es una enfermedad y por eso, si los homosexuales son apaleados en la calle, es porque algo malo han hecho.

Así, poco a poco, con numerosas ideas pequeñas, aparentemente sin conexión entre sí, se forma en la cabeza de los trabajadores una "visión de mundo" que no se corresponde con sus intereses, sino con los intereses de los capitalistas. Las ideas que justifican la dominación burguesa se hacen predominantes en toda la sociedad. Se reproducen exhaustivamente en la Televisión, en las escuelas, en las páginas de los periódicos, en la familia, en el trabajo, entre los amigos. Los trabajadores, por el simple hecho de vivir en sociedad, absorben estas

ideologías y actúan en consonancia con ellas, incluso sin percibirlo. Cuando una ideología es aceptada por todos, se forma una especie de "lenguaje común", que todos reconocen, entienden y reproducen en su cotidiano.

Como resultado, explotados y oprimidos comienzan a hacer una cosa aparentemente absurda, pero que es la regla en nuestra sociedad: comienzan a actuar contra sí mismos, contra sus propios intereses de clase; comienzan a defender al enemigo y a combatir a sus aliados; se dividen. De este modo, los padres culpan a los profesores por el bajo rendimiento escolar de sus hijos, la población pobre defiende a un gobierno de empresarios y banqueros con miedo a perder las ayudas, los trabajadores esquirolean la huelga porque se convencen de que luchar no resuelve nada.

¿Qué esconden las ideologías?

Tomemos algunas ideas bastante simples y ampliamente expandidas en nuestra sociedad: "El hombre es egoísta por naturaleza", "Siempre va a haber ricos y pobres", "Las mujeres fueron hechas para el trabajo doméstico", "Una persona siempre va a querer pasar por encima de la otra", "Los prejuicios ya vienen desde que nacemos", etc.

¿Cuál es el sentido de estas ideas? Resulta evidente que todas apuntan en la misma dirección: aceptar las cosas tal y como son. ¿Y cómo nos convencen de ello? Afirmando que todo lo que existe es natural e inevitable, que intentar cambiar la realidad es ir "contra la naturaleza". Así, para justificar un mundo de injusticia y sufrimiento, las ideologías "naturalizan" la realidad social, es decir, llevan a las personas a creer que la desigualdad, la explotación y la opresión son tan naturales como la lluvia, el viento o el movimiento de las mareas. Las ideologías esconden el gran secreto de la dominación burguesa: el hecho de que la sociedad es una construcción humana y que por lo tanto no hay nada de "natural" en ella; que el mundo en que vivimos es el resultado de la cooperación de los individuos y justamente por ello puede ser cambiado por esos mismos individuos.

La propaganda ideológica

¿Pero cómo se esparcen las ideologías por la sociedad? ¿Cómo absorbemos y reproducimos con tanta facilidad ideas tan absurdas? Si existe democracia, ¿cómo alguien puede controlar lo que yo pienso? Para responder a estas preguntas, es preciso entender cómo funciona la propaganda ideológica.

Todos sabemos lo que es propaganda. MediaMarkt hace anuncios animados, con personas hablando alto y rápido, y con énfasis en los precios. Nike centra su propaganda en el increíble desempeño de los atletas que usan sus artículos. El Santander hace propaganda de los beneficios que sus clientes pueden tener con esta o aquella inversión. En todos estos casos, el propósito es claro y evidente: ¡compre, use, aplique su dinero! No hay ninguna dificultad en reconocer que estamos ante una muestra de propaganda. Si a alguien no le gusta, puede cambiar de canal o pasar la página de la revista.

Pero la propaganda ideológica es un poco más complicada. Como hemos dicho, el principal objetivo de las ideologías es hacer que las personas actúen contra sí mismas. Por eso la burguesía no puede decir abiertamente: "acepta la explotación", "acepta la opresión", como si dijera "bebe Coca-Cola". Una propaganda así desvelaría la dominación ideológica y provocaría aún más revuelta. Por eso la principal característica de la propaganda ideológica es que es disfrazada, sutil, encubierta, subliminal.

Cuando un artículo sobre una huelga de profesores comienza hablando de los alumnos que se quedaron sin clase, nos encontramos ante una muestra de propaganda ideológica. El objetivo no es informar o aclarar lo que ocurre, sino enseñar hasta qué punto las huelgas perjudican a la población.

El periodista no dirá eso abiertamente, sin embargo, todo el texto estará diseñado para que provoque esa sensación en el lector. Cuando tras el asesinato de Bin Laden nos bombardearon en los programas dominicales con reportajes especiales sobre la tropa de élite que mató al líder de Al-Qaeda, nos encontramos ante una muestra de propaganda ideológica. Aquí el recado es: ¡los EEUU son invencibles, para ellos no hay misión imposible, no osen desafiarlos! Como es sabido, la mejor forma de implantar una idea en la cabeza de alguien es hacer a la persona creer que llegó por si misma a esa conclusión.

Así actúa la burguesía. No dice "la mujer es un objeto". Simplemente muestra comerciales de cerveza que exhiben a la mujer como un objeto. Quién llega a la conclusión de que la mujer es un objeto es el telespectador. No escribe en los periódicos "es preciso acabar con los bosques alrededor de los ríos". Simplemente muestra de qué forma el agronegocio, que acaba con los bosques alrededor de los ríos, es el "motor de desarrollo del país". Quién llega a la conclusión de que acabar con los bosques es un mal necesario es el lector. No dice "vamos a acabar con los derechos laborales". Simplemente dice que en los EEUU, el país más poderoso del planeta, casi no existen derechos laborales. Quién llega a la conclusión de que los derechos laborales son una traba para el desarrollo del país es el propio trabajador.

Por eso, el hecho de que una persona tenga una opinión formada sobre un determinado asunto no significa de modo alguno que esa idea sea suya. El 99% de las ideas que tenemos en la cabeza fueron implantadas sutilmente por la burguesía a través de la educación, de la prensa, de la familia, de la televisión, del cine, de la iglesia, etc, etc, etc. La fuerza de las ideologías está precisamente en el hecho de que los explotados defienden y reproducen las ideas de los explotadores, creyendo que esas ideas son suyas.

Al ser repetidas incansablemente por toda la sociedad, las ideologías asumen la apariencia de "verdad absoluta". ¿Qué decís de que las mujeres son iguales a los hombres? ¿Qué es eso de acabar con la explotación? ¿Cómo que socialismo? Cuando alguien cuestiona una ideología, parece realmente que está "hablando otra lengua". Instintivamente, repelemos a ese tipo de persona y la separamos de nuestro entorno. O simplemente la ignoramos. La Torre de Babel no puede ser agitada.

Ideología de la clase obrera

Pero si una ideología es una determinada "visión de mundo", un conjunto de ideas que sirve a determinados intereses, ¿podemos entonces decir que la clase trabajadora tiene una ideología? La respuesta es categórica: ¡sí!

El socialismo científico, formulado en la mitad del siglo 19 por los filósofos alemanes Karl Marx y Friedrich Engels (por eso también es conocido como marxismo) es la ideología de la clase obrera, la ciencia de su liberación. El socialismo científico es un conjunto de ideas que interpreta correctamente el mundo que nos rodea, que revela las verdaderas razones de la opresión, de la desigualdad y de la explotación. Sin embargo, a diferencia de las ideologías burguesas, que penetran en la mente de los trabajadores por miles de medios invisibles e imperceptibles, el marxismo no llega a nuestras casas por las antenas de televisión, no se enseña en las escuelas, ni se escucha en las letras de las canciones de éxito. Es preciso buscarlo, descubrirlo. Y claro, como toda ciencia, el marxismo precisa de estudio.

El obrero consciente que desee entender a fondo el mundo que le rodea debe comenzar por desconfiar de todas las ideas que parecen obvias y naturales, porque la mayor parte de ellas no pasa, muy probablemente, de mentiras bien contadas. En seguida, debe tener, en relación a la sociedad, la misma curiosidad que tiene en relación a la máquina nueva que acaba de llegar a la fábrica: tiene que querer desvelarla, desmenuzarla, dominarla. Habiendo dominado el marxismo, ese obrero podrá interpretar los hechos de la realidad con la misma facilidad que un electricista experto interpreta el esquema eléctrico de un garaje residencial, que tiene una bombilla, un interruptor y un enchufe.

La verdadera obra humana

Las ideologías burguesas no son una fuerza invencible. Si la clase dominante tuviese tanta confianza en sus ideas, no habría hombres armados de plantón en comisarías, cuarteles y batallones, aguardando las órdenes para reprimir, dispersar y arrestar.

Karl Marx, el viejo filósofo alemán, dijo en cierta ocasión que cuando una idea es absorbida por las masas organizadas, adquiere fuerza material, es decir, se convierte en un arma real.

Cuando la crisis económica, política y social coloque en jaque a la dominación burguesa; cuando la represión contra los trabajadores, en vez de inhibirlos, provoque acciones aún más radicalizadas, la idea del socialismo penetrará en las grandes masas y hará tambalearse la monstruosa obra del capitalismo. Los trabajadores, en vez de hablar la lengua de la burguesía, comenzarán a hablar su propia lengua y se entenderán. La inmensa Torre de Babel, erguida sobre la espalda de los pobres y perseguidos, y solidificada con el cemento de la mentira, se desmoronará sobre las cabezas de sus incompetentes arquitectos. Y los trabajadores, libres de los escombros de la vieja construcción, comenzarán su propia obra: una sociedad sin opresión y explotación, el socialismo en el mundo entero.

3

QUÉ ES LA BURGUESÍA

Hace tres o cuatro ediciones, la revista Veja estampaba en su portada: "*El millonario vive al lado: cada hora seis brasileños de clase media se hacen millonarios*". El titular venía acompañado de un subtítulo: "*once mujeres y hombres que se enriquecieron dan la receta de cómo aprovechar la marea alta de la economía*".

El fantástico mundo de *Veja*

Esa sí que es fuerte. Si las cuentas de *Veja* son correctas, la "marea alta" de la economía brasileña va a transformar, en algunos años, a toda la clase media en millonarios y a toda la población pobre en clase media, acabando así con la miseria en el país. Pero *Veja* se "olvida" de algunos detalles. Por ejemplo, que sólo en São Paulo, el número de mendigos sin techo subió un 56% de 2000 a 2009, o sea, prácticamente en el mismo período en que "nunca antes en la historia de este país", según Lula, los empresarios habían ganado tanto dinero. Así, nada más falso que la idea de un Brasil que marcha firmemente rumbo hacía el primer mundo. Sí, marchamos firmemente, pero hacia lo más alto de la lista de los países con mayor desigualdad social del planeta, donde ya ocupamos la décima posición.

El titular de *Veja* tiene una única utilidad: nos sirve para reflexionar sobre una cuestión aparentemente simple, aunque en la práctica bastante compleja: la definición de burguesía.

¿Qué es la burguesía?

La burguesía es la clase social que cuenta con la *propiedad privada de los medios de producción*, es decir, que es dueña de las fábricas, bancos, equipamientos, etc, en definitiva, de todo lo que es necesario para producir la riqueza social. Pero esta definición sólo puede ser entendida a fondo si consideramos también el concepto opuesto: el de *proletariado*. El proletariado es la clase de trabajadores asalariados que no poseen propiedad privada y por eso son obligados a *vender su fuerza de trabajo para sobrevivir*. De esta forma, la sociedad está dividida en dos grandes clases sociales: la burguesía (los capitalistas) y el proletariado (los trabajadores). Hay muchos otros grupos sociales, pero estos dos son los principales.

Es importante aclarar que *propiedad privada es diferente de propiedad personal*. Propiedad privada es aquella que le permite a su poseedor obtener ventajas, lucro, renta y lo más importante: explotar la fuerza de trabajo ajena. Así, si tengo un coche y lo utilizo para ir al trabajo, se trata de mi propiedad personal. Pero si en vez de utilizarlo, se lo alquilo a un taxista, obteniendo así una renta, en ese caso, se trata de propiedad privada.

Por lo tanto, al contrario de lo que la mayoría de la gente piensa, "*ser burgués*" y "*tener dinero*" no son exactamente la misma cosa. Si soy auxiliar de producción es probable que no tenga dinero para comprar un coche nuevo, pero tal vez mi compañero técnico mecánico sí que tenga, ya que su salario es bien mayor que el mío. Sin embargo, eso no hace de él un burgués, ya que comprará el coche con su salario, es decir, a través de su propio trabajo.

De esta forma, lo que define a la burguesía no es el "*tener dinero*", sino el hecho de *vivir del trabajo ajeno*: por poseer propiedad privada, la burguesía explota el trabajo de los otros. El trabajo de los otros es su medio de vida, su fuente de riquezas. Esa es su primera característica.

Una clase-parásito cada vez más inútil

La segunda característica de la burguesía es que, al contrario de lo que pretenden convencernos, es una clase-parásito, que no trabaja, que no realiza ninguna actividad productiva, que no contribuye en nada para el aumento de la riqueza social. Veámoslo.

¿Quién es el dueño de la Volkswagen, del Carrefour o de la Repsol? Como máximo, podremos conocer al presidente de estas empresas. En algunos casos, sabremos quién es el accionista mayoritario. Pero ¿quiénes son los otros dueños? No los conocemos porque esas empresas son sociedades anónimas, cuyas acciones cambian constantemente de manos en las megaoperaciones de las Bolsas de valores, creando así un enmarañado de conexiones prácticamente imposible de ser entendido.

De esta forma, encontramos a los verdaderos dueños de las empresas: los accionistas. Pero estos accionistas no poseen nunca acciones de una única empresa. Siempre son accionistas de decenas, a veces centenares de empresas. Ni siquiera saben de qué empresas se trata, dónde están o qué producen. Eso no les interesa. Lo que les interesa es la *renta* proveniente de la compra y venta de acciones. Su lugar de "trabajo" es la *Bolsa de valores*. Su única actividad es la *especulación*. Por eso decimos que la burguesía es una clase-parásito, que quiebra, cierra o desmonta sus propias empresas si eso le garantiza un rendimiento mayor en una determinada operación en la Bolsa.

¿El ojo del dueño engorda el ganado?

Hay que olvidar la vieja imagen del industrial consagrado que observa atentamente el trabajo de los obreros desde su oficina en el piso superior de la fábrica. Este burgués que a la vez es dueño y gerente de su propia empresa es una figura que cada vez es más rara de encontrar. Hace ya mucho tiempo que cedió sus funciones a los administradores, ingenieros y técnicos, que llevan los negocios muy bien sin él. El "ojo del dueño" ya no engorda nada, pues ahora sólo observa los balances trimestrales...

Así, cada vez más recae sobre los hombros de los trabajadores no sólo el desgaste del trabajo físico, sino también la responsabilidad por la *planificación* de todo el proceso productivo. Esto se da tanto dentro de la fábrica, con las células de producción y equipos de trabajo, como en las oficinas de contabilidad y logística. No hay función productiva, organizativa o comercial que no sea ejercida por trabajadores asalariados. Ese simple hecho tira por tierra toda la leyenda de que los trabajadores no podrían autogobernarse, de que sin la figura del empresario la economía se desmoronaría y el caos se instalaría en la sociedad. En realidad, los trabajadores ya dirigen la producción. Lo que ocurre es que lo hacen de manera aislada, inconsciente, bajo las órdenes de mercenarios sin escrúpulos mandados por la burguesía: los directores, gerentes y jefes.

¿"Trabajo duro" del burgués?

Sin embargo, la supervivencia de la burguesía como clase-parásito estaría amenazada si su completa inutilidad fuera evidente para todo el mundo. Por eso la burguesía intenta darle a su actividad una apariencia de "trabajo". Es común que veamos grandes burgueses "trabajando duramente" en sus oficinas, involucrándose en la administración de las fábricas, llegando tarde a casa, estresados a causa del "trabajo", etc. Mirándolo así, ¡parecen verdaderos trabajadores! En realidad, cualquiera que sea la función ejercida por un burgués, todo lo que hace puede ser hecho (¡y mucho mejor!) por un trabajador técnico cualificado.

Además de eso, la renta de un burgués *nunca* proviene de la actividad que ejerce en la fábrica. Su renta siempre proviene del simple hecho de ser *propietario* de una determinada cantidad de acciones. No vive del salario, sino del lucro. Su único "trabajo" es garantizar que se explota al máximo el trabajo *de los otros*. La única clase que vive de su *propio* trabajo es el proletariado.

La pequeña y la gran propiedad

Todo lo que hemos dicho hasta ahora sirve para la gran propiedad, pero no para la pequeña. Ser un gran accionista o terrateniente es diferente de ser dueño de una granja, un taxi o una panadería. Mientras el gran propietario vive del trabajo *ajeno* y sólo *finge* que trabaja, el pequeño propietario, o "pequeñoburgués", está obligado a trabajar de verdad para mantener su pequeño negocio.

El pequeñoburgués muchas veces también explota el trabajo de uno o más trabajadores, sin embargo, el tamaño reducido de su propiedad, la inestabilidad de su situación económica y la lucha permanente contra la competencia del gran capital no le permiten parar de trabajar. Así, al contrario de la gran burguesía, la pequeña burguesía es una clase *productiva*, es decir, que contribuye con el aumento de la riqueza social.

¡Tus días están contados, burgués!

El poeta ruso Vladimir Maiakovsky escribió: "*Come piña, mastica perdiz; ¡Tus días están contados, burgués!*" Y el poeta brasileño Mario de Andrade no fue menos: "*¡Yo insulto al burgués! ¡El burgués-níquel, el burgués-burgués! ¡La digestión bien hecha de São Paulo!*".

Reconocer inmediatamente a la burguesía y a sus representantes; confiar única y exclusivamente en nuestras propias fuerzas; durante las elecciones, votar solamente a los representantes legítimos de los trabajadores; nutrir un verdadero odio de clase contra toda opresión, explotación e injusticia: éstas son las tareas fundamentales de todo activista o dirigente del movimiento obrero, sindical y popular. Si el millonario vive al lado, entonces ya es la hora de saldar cuentas con ese vecino sinvergüenza.

ANEXO 1: Los gobiernos burgueses

La burguesía no es sólo la *clase económicamente dominante*. También es la *clase políticamente dominante*. Sin la ayuda de las instituciones del Estado (congreso, justicia, Ejército, policía, escuelas) no podría mantenerse como clase-parásito. Así, la burguesía forma para sí un ejército de especialistas en administración pública. Son los *políticos burgueses*.

Para ser elegidos, los políticos burgueses necesitan del apoyo político y financiero de la burguesía, pero también del voto popular. Por eso, los gobiernos burgueses siempre adoptan algunas medidas que benefician a la población: construyen hospitales y escuelas, crean programas sociales y de incentivo a la renta etc. Lo que *nunca* va a hacer un gobierno burgués es darles a los trabajadores más de lo que le da a la burguesía.

Un gobierno burgués puede expropiar un terreno o nacionalizar un banco en quiebra. Pero *jamás* va a gobernar contra *toda* la burguesía, por ejemplo, expropiando a *todos* los terratenientes del país o nacionalizando *todo* el sistema financiero.

Un gobierno burgués puede tener una política relativamente independiente del imperialismo, incentivando, por ejemplo, que la burguesía nacional expanda sus negocios en el mundo y conquiste posiciones. Lo que *nunca* va a hacer es convertir al país en verdaderamente soberano, por ejemplo, prohibiendo la remesa de lucros al exterior o dejando de pagar la deuda externa.

Así, el carácter de clase de un gobierno se define por sus acciones prácticas y no por sus palabras o por el origen social del gobernante. Según ese criterio, a pesar de su origen obrero, el gobierno Lula es un gobierno *burgués*, aunque sea un gobierno burgués diferente, "anormal" porque a través de él la burguesía no gobierna directamente, sino a través de los dirigentes de la clase trabajadora: el propio Lula, el PT y la CUT. La dura disputa electoral entre el PT y el PSDB no debe confundirnos. Una vez elegidos, tanto Dilma como Serra, estarán al servicio del mismo señor: la burguesía nacional e internacional. Si alguien aún dudaba de ello, el reciente veto de Lula al fin del factor de las pensiones simplemente ha cerrado la cuestión, mostrando la increíble semejanza entre los gobiernos del PT y PSDB.

4

QUÉ ES EL IMPERIALISMO

Date un paseo por las calles del barrio donde pasaste tu infancia. Será en vano si buscas la tiendecita en la que cambiabas media docena de monedas por un puñado de caramelos, que estaban en un recipiente de vidrio sobre el mostrador, junto con la balanza Filizola y el papel para enrollar el pan. En su lugar, o en una esquina cercana, lo que te vas a encontrar es un gran hipermercado: Carrefour, Eroski o Alcampo, dependiendo de la región en la que te encuentres.

Si prestamos atención a la vida económica, veremos que existe una tendencia a la desaparición de las pequeñas empresas, que cada vez más son sustituidas por grandes establecimientos y franquicias internacionales. Está claro que otras pequeñas empresas van surgiendo constantemente, pero poquísimas sobreviven. La quiebra es el fantasma que les atormenta el sueño a los micro y pequeños empresarios todas las noches. Y para el 99,9% de ellos la hora de cerrar las puertas acaba llegando, más tarde o más temprano. La razón de tantos fracasos no es, al contrario de como intentan convencernos, el coste de la fuerza de trabajo, los altos impuestos o la falta de cualificación de los trabajadores, sino un viejo fenómeno conocido por todos nosotros, y sin embargo poco recordado últimamente: el imperialismo. Efectivamente. La invasión de Irak por los Estados Unidos y la quiebra de la tienda de la esquina tienen la misma causa: el sobrecrecimiento de los monopolios, que se tragan a las pequeñas empresas y dominan la economía mundial.

¿Qué es un monopolio?

El capitalismo del siglo 19 era muy diferente del de hoy. En cada rama de la industria había una infinidad de empresas que se disputaban libremente el mercado, cada una ofreciendo sus productos al más pequeño precio posible. Era la época de la llamada "libre competencia".

En la lucha por los consumidores, las empresas iban perfeccionando el proceso productivo, introduciendo nuevas tecnologías o haciendo que sus obreros trabajaran más y mejor por el mismo salario. Cuando eso se daba, los costes de producción de esas empresas caían brutalmente y así conseguían ofrecer productos relativamente buenos a precios bastante bajos. Por otro lado, las empresas que no conseguían mejorar su producción o aumentar la explotación de sus obreros terminaban perdiendo espacio y quebrando. Con la quiebra de las industrias menos productivas, las empresas más eficientes abarcaban una cuota cada vez mayor del mercado nacional. De esa forma, a través de un ciclo de quiebras e incorporaciones sucesivas, en algunas décadas se llegó a una situación en que cada rama de la industria ya no era disputada más por una infinidad de empresas, sino que estaba dominada por un puñado de 5 ó 6 grandes corporaciones. Debido a que dichas corporaciones eran pocas, en vez de continuar tragándose las unas a las otras, preferían llegar a un acuerdo y dividir el mercado en base al tamaño y la capacidad productiva de cada una. Se formaban así los primeros cárteles, es decir, aglomerados de unas pocas empresas que acuerdan el precio de las mercancías, forzando a los consumidores a comprar todo por un valor muy por encima del real.

De esa manera, a partir de finales del siglo 19 el capitalismo entró en una nueva fase de su desarrollo, en la cual la libre competencia, que llegó a ser considerada como el "alma" del capitalismo, ya no pasaba de un teatro de mal gusto donde lo único que vale es el peso de los grandes monopolios.

Los monopolios y los bancos

Una vez formado un monopolio y establecido el control sobre un determinado mercado nacional, las empresas que participan del acuerdo comienzan a obtener lucros extraordinarios ya que pueden imponer sus precios sin competencia alguna, simplemente conversando entre sí. Los lucros obtenidos son, inicialmente, invertidos en la propia producción, que crece y se perfecciona sin parar. Las empresas, que ya eran grandes, se

hacen gigantescas. Las metalúrgicas se asocian a las siderúrgicas, que les suministran el metal. Éstas, por su parte, se asocian a las mineras, que extraen el hierro de la tierra. Las petroleras compran las refinerías, que, por su parte, compran las gasolineras. En breve, se forman enormes conglomerados que controlan ramas enteras de la economía y cuyos lucros sobrepasan considerablemente el presupuesto de algunos países.

¿Pero de dónde sale tanto dinero para invertir y crecer? Es evidente: de los bancos. Los bancos, que inicialmente en el capitalismo eran simples intermediarios en las operaciones monetarias, comienzan a participar activamente de la producción, prestándole dinero a las grandes empresas. Cuanto más crece la industria, más depende del crédito bancario. Cuanto más le presta dinero el banco a la industria, más lucro obtiene y más dinero tiene para poder después prestarle de nuevo. En un determinado momento, los bancos sobrepasan a la industria en riqueza y poder y deciden dictar las reglas del juego, imponiéndoles a las empresas condiciones de financiación que éstas están obligadas a aceptar, bajo pena de que se denieguen sus pedidos de préstamo. Para garantizar que los préstamos sean bien utilizados, los bancos compran acciones de las propias empresas deudoras y envían a sus representantes a los consejos administrativos de las mismas. Las empresas pierden así su autonomía y caen bajo el control de los bancos, que a esta altura también se habían hecho gigantescos. A final de cuentas, ya no se sabe más si son los bancos quienes invierten en las industrias o si son las industrias quienes invierten su dinero en los bancos. El capital industrial se funde así con el capital bancario, dando origen a una nueva fuerza económica y social, mucho más poderosa y devastadora, el verdadero Frankestein del sistema capitalista: el capital financiero. En cada país, media docena de esos mega-aglomerados financieros controlan casi toda la economía.

Los monopolios y el imperialismo

El capital financiero invierte y produce dentro del país, obteniendo enormes lucros. Pero inmediatamente se depara con un problema: cada nación tiene sus fronteras y los lucros no pueden crecer infinitamente dentro de un mercado finito. Por eso, de la misma manera que un tigre no puede alimentarse por mucho tiempo de hierba, los monopolios no pueden quedarse mucho tiempo presos en el mercado nacional. Cuando el hambre de lucros aumenta, los monopolios buscan la única solución viable para sus problemas: la conquista del mercado mundial, que tampoco es infinito, pero que por lo menos es bastante mayor que el mercado nacional. Esta política de conquista del mercado mundial por los grandes monopolios es lo que llamamos imperialismo.

En la lucha por establecer su imperio mundial, el capital financiero utiliza diferentes armas. Si el país a ser conquistado es un mercado libre, los monopolios utilizan medios puramente económicos: precios bajos, inversiones masivas, etc. Si, por el contrario, el objetivo es un país que cuenta con un mercado cerrado, protegido por tasas aduaneras altas o leyes que limitan la acción de los capitales extranjeros, los imperialistas pueden recurrir a la ayuda de medios no-económicos, principalmente la guerra de conquista o guerra colonial. Es evidente que los monopolios no traban ellos mismos dichas guerras. Quien se encarga de ello son los Estados nacionales, que a esta altura ya se encuentran completamente controlados por estos mismos monopolios.

De esta manera, a finales del siglo 19 prácticamente toda Asia, África, Oceanía y Oriente Medio estaban bajo control militar directo de alguna potencia colonial, principalmente Francia, Inglaterra y Japón. Por su parte, en la misma época, América Latina entera ya se encontraba bajo dominio económico de los Estados Unidos, a pesar de cada país mantener formalmente su independencia política. Era el auge del imperialismo.

El imperialismo y las guerras mundiales

Sin embargo, la división del mundo entre las principales potencias coloniales no resolvió el problema. Como se supo después, la Tierra, a pesar de ser muy grande, también es finita. De esta manera, en pocos años de dominación imperialista del mundo, los monopolios sintieron nuevamente la necesidad de expandir su dominio. Pero como ahora todos los territorios importantes ya se encontraban controlados por algún país imperialista, no había otra salida a no ser... tomarlo del vecino. Así, las grandes potencias de Europa entraron, aún a finales del

siglo 19, en una carrera armamentista que llevaría, en 1914, a la 1a Guerra Mundial. Pocos años después, en 1939, la humanidad bucearía en un nuevo abismo sangriento: Alemania y Japón decidieron coger por la cara la parte de la tarta colonial que consideraban que les correspondía por derecho. Era el inicio de la 2a Guerra Mundial.

Imperialismo y socialismo

Por ironía del destino o capricho de la historia, el imperialismo acabó suministrando la cuerda con la que él mismo se ahorcará un día.

Porque, ¿qué significa un mundo dominado por los monopolios? Significa que la extracción, producción y distribución de todo tipo de bienes y servicios están integradas en un único sistema logístico internacional; significa que los departamentos de estadística de los grandes conglomerados saben exactamente cuánto consume cada región del mundo de tal o cual producto y cuánto puede producir y exportar; significa que cada innovación técnica se esparce inmediatamente por todo el planeta, aumentando rápidamente la productividad del trabajo, incluso en las esquinas más remotas del globo; significa que las fronteras culturales y económicas entre los países se extinguieron de hecho. ¿Y qué son todos estos elementos, si no las bases materiales de una economía socialista mundial? Para pesar de la burguesía, el imperialismo es la prueba definitiva de que el "libre mercado" es una ilusión infantil y que una economía organizada mundialmente no sólo es posible, sino que también es mucho más eficiente y lógica que un puñado de economías nacionales aisladas. ¿Acaso es posible encontrar una demostración más evidente de las posibilidades del socialismo?

No hay duda de que nuestros represores nos han prestado, a su modo, un gran servicio. Que jueguen su juego de momento. Ya llegará la hora de que el proletariado del mundo entero coja a estos señores por el cuello y les diga: "Gracias, pero de aquí en delante seguimos nosotros".

ANEXO: El imperialismo hoy

Por más que cambie su apariencia y sus métodos, el imperialismo continúa siendo el fenómeno más destructor de la historia de la humanidad. Cuando no está rapiñando, está matando; y cuando está matando, está preparándose para rapiñar nuevamente. Las "inversiones extranjeras", arma preferente del imperialismo en la actual etapa, tan alardeadas por las burguesías nacionales como tabla de salvación para los países pobres, en realidad sólo sirven para alimentar a los monopolios que ya no consiguen obtener lucros significativos en sus países de origen.

No es por casualidad que durante la crisis económica de 2008, la General Motors haya anunciado el cierre de numerosas fábricas en los Estados Unidos y Europa, pero ninguna en Brasil o en China. Y no fue por suerte de los trabajadores brasileños y chinos ni por la bondad de la GM, sino por el hecho de que en Brasil y en China están localizadas las plantas más lucrativas, es decir, donde los trabajadores son más explotados. Cada inversión imperialista es así una especie de "aspirador de riquezas", que chupa la sangre y el sudor de los trabajadores de los países semicoloniales y los envía como lucro para sus matrices en los EEUU, Japón y Europa. En los países pobres quedan algunas migajas en la forma de salario, ya que esas empresas ya ni siquiera pagan prácticamente impuestos.

España es un país que, pese la profundidad de la crisis económica actual, todavía es un país imperialista. *Telefónica* obtendrá 1.207 millones de euros en dividendos de su filial brasileña, la mayor empresa de telecomunicaciones del país sudamericano, con más de

91 millones de clientes. Lo mismo pasa con el BBVA, que saca una importante parte de sus beneficios en México y Brasil. A estos intereses económicos también se suman intereses geopolíticos y militares. No es casualidad que España haya participado en las guerras imperialistas de Irak, Afganistán y, más recientemente, Mali.

Las tentativas de los monopolios de abarcar el mundo entero con su dominio no cesaron con el fin de la 2a Guerra Mundial. Al contrario, en la segunda mitad del siglo 20 se multiplicaron las guerras coloniales y de ocupación, promovidas directa o indirectamente por el imperialismo: Vietnam (1959-1975), Malvinas (1982), Líbano (1982), Irán-Irak (1980-1988), Golfo Pérsico (1991), Somalia (1994), Afganistán (2001-2021), Irak (2003-2011), Haití (2004-?) y muchas otras.

Si el imperialismo tiene hoy con Obama un rostro más simpático, es simplemente para recuperarse del desgaste provocado por ocho años de gobierno Bush y prepararse para nuevos ataques contra los trabajadores del mundo. Si no que lo digan los pueblos iraquí, afgano y haitiano.

5

QUÉ ES EL SOCIALISMO

Está en youtube para quién quiera verlo: Ana Maria Braga, presentadora de la Red Globo, le pregunta a Petkovic, delantero del Flamengo, sobre Yugoslavia: "¿Cómo fue nacer en un país con tantas dificultades?". Petkovic contesta: "Cuando nací no había dificultad ninguna. Era un país-maravilla, vivíamos en un régimen socialista, todo el mundo estaba bien, todo el mundo trabajando, tenían salario. Los problemas vinieron después de los años 1980". La cámara corta abruptamente al entrevistado y se vuelve hacia Ana Maria Braga, completamente perdida ante la inesperada declaración de apoyo al socialismo, hecha en vivo y a color para todo Brasil por un ídolo del deporte.

Antes de nada seamos claros: a pesar de las numerosas conquistas sociales, fruto de la expropiación de la burguesía en 1945, la antigua Yugoslavia no era un país-maravilla. Los conflictos sangrientos de los años 1990 no surgieron de la nada. Fueron preparados por la burocracia dirigente con décadas de división y aislamiento de uno de los países más pobres de Europa.

Sin embargo, la declaración de Petkovic nos enseña algo importante: el ideal socialista, a pesar de todas las mentiras e injurias sufridas, vive y palpita en el corazón de millones de personas. Alguna vez que otra se anuncia, en palabras o en actos, de individuos o de multitudes, consciente o inconscientemente.

El socialismo es un tipo de sociedad

La idea de construir una sociedad sin clases sociales ni explotación existe hace centenares de años. Pero fue solo en la mitad del siglo XIX cuando el proyecto socialista recibió un fundamento científico en la obra de los filósofos alemanes Karl Marx y Friedrich Engels. Antes de ellos, el socialismo no pasaba de un sueño bien intencionado, de una idea romántica y confusa.

Estudiando el funcionamiento de la sociedad capitalista, Marx y Engels percibieron que el origen de la desigualdad estaba en la propiedad privada de los medios de producción: fábricas, bancos, equipamientos, etc. Era lo que permitía a una ínfima minoría explotar a la inmensa mayoría. De ahí concluyeron que la construcción del socialismo pasaba por la abolición de la propiedad privada y la socialización de toda la riqueza existente, lo que por su parte exigiría una revolución violenta, ya que la burguesía no cedería su posición de clase dominante sin resistencia. Por último, consideraban que sólo el proletariado, por su condición de clase explotada, numéricamente predominante y destituida de cualquier propiedad, sería capaz de realizar dicha revolución.

El socialismo es un sistema racional y ordenado

En el capitalismo cada burgués produce lo que quiere y cuánto quiere. La economía capitalista no se somete a control social alguno. El único elemento regulador es el mercado. Si las mercancías son vendidas - óptimo. Si no, serán destruidas o se pudrirán, la empresa entrará en crisis, cerrará sus puertas y despedirá a sus trabajadores. A la vez que desperdicia una enorme cantidad de trabajo y riquezas en producciones inútiles, los capitalistas dejan de producir artículos fundamentales para la sociedad, simplemente porque dan poco o ningún lucro. Así, en la sociedad capitalista sobran coches, pero faltan trenes; sobran edificios de lujo, pero faltan casas populares; sobra tecnología militar, pero faltan aparatos médicos de los más simples. El capitalismo es el imperio del caos y del desorden al servicio del lucro.

En el socialismo eso no se da. El proletariado, que se hace la clase dominante gracias a la expropiación de la burguesía, controla racionalmente la producción y el consumo en consonancia con las necesidades de la población y la capacidad de la economía. Es lo que llamamos planificación económica.

Utilización racional de los recursos naturales disponibles, producción en base a un plan discutido en toda la sociedad, obligación de todos los ciudadanos de contribuir con su parte en el trabajo global, remuneración proporcional al trabajo realizado, vigilancia permanente por parte de los trabajadores sobre la elaboración y el cumplimiento de este plan: tales son las ideas simples y fundamentales del socialismo en la esfera económica. ¡Qué contraste con la caricatura maliciosa pintada por la burguesía de que el socialismo sería una sociedad caótica, sin reglas ni gobierno, sin leyes ni obligaciones, donde cada uno hace lo que quiere!

El socialismo sólo puede ser mundial

La fuerza del capitalismo está en el carácter mundial de la economía. Al producir mundialmente, la burguesía utiliza las mejores y más abundantes fuentes de materia prima en cada país. Esto hace la producción barata y eficaz.

El socialismo, que pretende ser una sociedad superior al capitalismo, debe utilizar todas las conquistas de la vieja sociedad de clases, en primer lugar el carácter mundial de la producción.

El capitalismo es, por lo tanto, el punto de partida, el nivel mínimo del cual el socialismo debe arrancar para liberar la humanidad de la opresión y de la explotación. No se puede hablar de una sociedad socialista que no sea más rica, más libre y más desarrollada que el capitalismo. No se puede hablar de un socialismo que no sea mundial.

El fin de imperialismo

No es posible la victoria del socialismo mientras la burguesía exista mundialmente, mientras el imperialismo, armado hasta los dientes, controle la mayoría de los países. Una situación tal llevaría al aislamiento de la nación proletaria y a la restauración del capitalismo, como ocurrió en la URSS.

El triunfo del socialismo sobre el capitalismo en todo el mundo no tiene nada que ver con una competición económica entre los dos sistemas. La derrota del capitalismo es un proceso político, revolucionario. Significa el derribo violento de la burguesía y la instauración de regímenes proletarios en los países imperialistas más importantes. Sólo de esta forma el imperialismo puede tener fin.

La dictadura del proletariado

El socialismo presupone también una forma política, un tipo de Estado.

En el capitalismo el Estado tiene un carácter de clase. Se trata de un aparato jurídico-militar que busca defender la propiedad privada y el dominio del capital. Es, por lo tanto, una dictadura de la burguesía sobre el proletariado.

En el socialismo, el Estado también tiene un carácter de clase, pero su contenido es opuesto al del Estado burgués: se construye, por primera vez en la historia, un Estado de la amplia mayoría explotada contra la ínfima minoría explotadora y privilegiada. Es lo que llamamos dictadura del proletariado.

La dictadura del proletariado tiene como función preservar la propiedad social de los medios de producción, evitar la vuelta del capitalismo, combatir el beneficio de individuos aprovechados y de grupos privilegiados que aún puedan subsistir tras la expropiación de la burguesía. Y lo más importante: es el instrumento de defensa de la nación proletaria frente a los restos del imperialismo y de la burguesía mundial.

Democracia para los trabajadores

El socialismo presupone una participación activa y permanente de las grandes masas en la vida económica, política y cultural del país. Por eso, la dictadura del proletariado es un régimen mucho más democrático que la democracia burguesa. La democracia burguesa se basa en el voto cada 4 años, en la independencia de los electos en relación a los electores, en la criba de los poderes y en la represión masiva o selectiva en caso de necesidad.

La dictadura del proletariado se basa en la lógica inversa: en la sustitución del congreso burgués por una red de comités obreros, cuyos miembros son escogidos en los locales de trabajo y vivienda, con mandatos revocables en cualquier momento. Estos comités unifican los tres poderes que hoy están separados: son órganos a la vez ejecutivos, legislativos y de justicia, completamente controlados por la población, y donde la remuneración no sobrepasa el salario de un obrero cualificado.

Estos comités obreros, organizados bajo el principio del pluripartidismo y abiertos a todos los trabajadores, son la base fundamental del Estado socialista, de la dictadura del proletariado.

El socialismo es un puente para el comunismo

De esta forma, el socialismo es una sociedad donde, a pesar del fin de la explotación, aún persisten elementos de desigualdad, heredados del pasado capitalista. Más aún, el socialismo no es una sociedad completamente libre, una vez que las personas aún están presas a la rutina del trabajo y el Estado sigue siendo una fuente de autoridad y poder. En una palabra, el socialismo no es el objetivo final, sino sólo una fase del desarrollo histórico de la humanidad rumbo a su liberación.

La verdadera liberación de la humanidad sólo podrá ocurrir cuando la alta productividad del trabajo haya eliminado por completo la desigualdad social y ofrecido a todos condiciones para el pleno desarrollo de sus aptitudes físicas e intelectuales; cuando el trabajo se haya hecho una actividad libre y ocupe, por su alto rendimiento, unas pocas horas del día de cada uno. Cuando eso se dé, el socialismo habrá sido superado por una nueva sociedad, aún más rica y libre: el comunismo.

Todo obrero de la construcción civil sabe que no se puede construir un edificio sin andamios. Pero también sabe que al final de la obra los andamios deben ser retirados, caso contrario dañaría la construcción. La dictadura del proletariado es el andamio que utilizamos para construir la sociedad comunista. Terminada la obra de edificación comunista, habiendo reeducado a la humanidad completamente según nuevos principios de igualdad, solidaridad y fraternidad, los andamios de la dictadura proletaria deberán ser retirados: las leyes escritas deberán ser abolidas, quedando como forma de control social sólo la opinión pública; todo aparato represivo deberá ser disuelto, dando lugar a la autovigilancia colectiva; los partidos políticos perderán su función y dejarán de existir. El Estado socialista se marchitará como una carcasa inútil. Del aparato estatal sólo quedarán las funciones técnicas, contables, científicas y culturales, pero ahora serán ejercidas directamente por la población libre, de la misma manera que una familia civilizada divide las tareas entre sí y conduce la vida doméstica sin mayores conflictos.

Petkovic no imagina como estaba lejos Yugoslavia del socialismo. Pero no reprendemos al delantero por su optimismo. Frente a la barbarie capitalista, cualquier país que haya resuelto mínimamente sus problemas sociales aparece ante los ojos de sus ciudadanos como un "país-maravilla". De la misma manera, la humanidad no imagina la grandeza y el potencial que guarda en su propio seno, que el capitalismo chafa, y que sólo el socialismo es capaz de revelar.

ANEXO: ¿Qué había en la URSS?

La primera experiencia de expropiación de la burguesía se dio en Rusia después de la revolución de 1917. Por atacar el imperialismo, abolir la propiedad privada y establecer un nuevo tipo de Estado, controlado por los obreros armados, organizados en comités (soviets), la Revolución Rusa tuvo un carácter claramente socialista. Pero ni Lenin, ni Trotsky, ni los grandes dirigentes de aquella revolución, jamás consideraron que el socialismo había triunfado en Rusia. Sabían que el socialismo sólo podría surgir como un sistema mundial, abarcando por lo menos a los países más desarrollados del globo terrestre.

Fue Stalin quien lanzó, en 1924, ya después de la muerte de Lenin, un programa para la construcción del socialismo dentro de la URSS, contrariando toda la tradición marxista de la época. Trotsky luchó hasta el fin de su vida contra esa idea reaccionaria. En numerosos trabajos teóricos, explicó que la URSS era una sociedad de transición entre el capitalismo y el socialismo y que su destino definitivo dependía de los rumbos de la revolución mundial, que acabaría con el imperialismo en todo el planeta o, si era derrotada, llevaría a la restauración del capitalismo dentro de la URSS.

Al mismo tiempo que se recusaba a definir a la URSS como una sociedad socialista, Trotsky defendía con todas las fuerzas las conquistas de la Revolución de Octubre. Decía que el Estado soviético, a pesar de toda la degeneración, seguía protegiendo la propiedad estatal y la economía planificada, al menos temporalmente. Era, por lo tanto, un Estado obrero burocráticamente degenerado.

La restauración del capitalismo en la URSS a mediados de los años 80 dio la razón a Trotsky y probó que dicha sociedad, a pesar de todas las conquistas sociales oriundas de la revolución, nunca llegó verdaderamente al socialismo.

6

QUÉ ES LA REVOLUCIÓN

Imagínate el fin del mundo. A la cabeza te vendrán escenas de la película "Armagedon", "2012" o versículos del Apocalipsis. Meteoritos, terremotos, guerras y plagas acaban en poco tiempo con todo lo que el ser humano y la naturaleza construyeron a lo largo de siglos. La vida se extingue en la Tierra y el planeta gira frío y en silencioso en el espacio infinito. ¿Te lo has conseguido imaginar?

Ahora imagínate el fin del capitalismo. Más difícil ¿verdad? ¿No te viene ninguna escena a la cabeza? ¿Ninguna hipótesis? Normal. Para el grueso de la gente es más fácil imaginar el fin de un planeta entero, que el fin de un sistema social. Es como si creyésemos que el fútbol se puede acabar un día, pero nuestro equipo favorito ¡nunca! Como verás, no tiene mucho sentido.

La verdad es que el colapso de los sistemas sociales es un hecho relativamente común en la historia de la humanidad y mucho más probable que la invasión de la Tierra por alienígenas o la existencia de Godzila. Cuando la crisis aguda de un sistema social se combina con una enorme elevación de la actividad política de las masas, que pasan a intervenir directamente en el rumbo de los acontecimientos históricos, estamos ante una revolución social.

Las revoluciones se dan porque las clases sociales no se jubilan. La burguesía no puede ser convencida pacíficamente de que tiene que ceder su lugar de clase dominante a los trabajadores. Tampoco se la puede expulsar lentamente del poder con la elección de cada vez más y más obreros a los cargos públicos. Sólo dejará la escena histórica por la fuerza. Por ello, la revolución no es simplemente "uno de los caminos posibles" hacia el socialismo. Es el único que existe.

¡Toda revolución es imposible...

El sentido común nos dice que la revolución es imposible porque las personas son acomodadas y pasivas. Este argumento tiene bastante fuerza. Un revolucionario convencido intenta responder, pero mira a su alrededor y no ve ni un trazo de la tal revolución...

De hecho, la psicología humana es bastante conservadora. Nadie ama la lucha y el enfrentamiento. A nadie le gusta arriesgar su empleo en huelgas y paralizaciones que no tienen ninguna garantía de victoria. Nadie quiere cambiar el presente seguro por el futuro dudoso.

Y sin embargo decimos que justamente esa mentalidad pasiva y acomodada es la razón más profunda de todas las revoluciones que se dieron hasta hoy. Podemos afirmar, sin miedo a equivocarnos, que las revoluciones ocurren no porque las personas sean rebeldes, sino todo lo contrario: precisamente porque son conservadoras.

... hasta que se hace inevitable!

El conservadurismo y la pasividad de los trabajadores hacen que la sociedad acumule contradicciones a lo largo del tiempo. Los problemas van agravándose lentamente y nunca se resuelven. En un determinado momento, la sociedad simplemente para de evolucionar: la economía entra en crisis, el nivel de vida decae, la cultura se degrada, las relaciones humanas se degeneran, la naturaleza es destruida irracionalmente sin beneficio alguno para el conjunto de la población. La sociedad como un todo entra en un período de retroceso y decadencia. Y aun así, las personas soportan lo máximo que pueden sin reaccionar.

Pero cualquier mecánico sabe que mientras más se presiona un muelle, más energía contiene y quién lo

presiona necesita tener mucho cuidado para que no le salte a la cara de repente. Así, con el proletariado encogiéndose durante años y años, llega un punto en el que todo salta por los aires.

De un día para el otro, las masas despiertan a la vida política y salen a las calles para intentar resolver, lo más rápido posible, todos los problemas acumulados durante décadas de pasividad. En una de esas situaciones, ante tanto tiempo perdido, es inevitable que recurran a acciones radicalizadas y a métodos revolucionarios. Ese cambio brusco en el ritmo de la actividad política de las masas permanece incomprensible para la burguesía y sus analistas, que atribuyen la radicalización del conflicto a la acción de "infiltrados" y "demagogos".

Es una contradicción: si las masas siempre fueran rebeldes, las revoluciones simplemente no ocurrirían porque la sociedad resolvería sus problemas conforme estos van surgiendo. La energía no se acumularía. La "válvula de escape" estaría siempre abierta, liberando constantemente la presión social y garantizando la estabilidad de la nación. La historia avanzaría lenta y pacíficamente, sin sobresaltos ni rupturas. Pero el conservadorismo de las personas hace que aplacen la resolución de sus problemas hasta un punto en que la vida se vuelve insoportable y la revolución se convierte en la única salida.

Conciencia y correlación de fuerzas

Sería falso, sin embargo, decir que las revoluciones se dan sólo porque la vida se vuelve insoportable. Para que una revolución se dé, es preciso que haya también un cambio profundo en la psicología de las clases. Más exactamente: en la forma en la que cada clase se ve a sí misma y a las otras.

Todo dirigente obrero sabe que antes de entrar en una huelga los trabajadores quieren saber si hay realmente condiciones de vencer. ¿El otro turno va a parar? ¿Qué dice la patronal? ¿Es verdad que la policía invadió la otra planta? ¿El sindicato propatronal también se va a movilizar? Los trabajadores quieren saber con qué fuerzas pueden contar, cuál es el objetivo preciso de la lucha y si la dirección del sindicato está segura de sí misma o si, al contrario, está vacilante. Así razonan los trabajadores ante las huelgas. Y en las revoluciones no es diferente.

Gracias a la ideología dominante, las masas tienden a creer mucho más en la fuerza de sus opresores que en las suyas propias. Para que una revolución se dé, es preciso que esto cambie y que los trabajadores pasen a visualizar la posibilidad de victoria. Por otro lado, la burguesía, siempre decidida y cohesionada, necesita estar en crisis, dividida, acorralada, amedrentada por su propia impotencia. Junto a esto es preciso que las clases medias y los pequeños propietarios, que siempre siguieron a la burguesía, miren con simpatía hacia el proletariado y sus organizaciones, o que, al menos, se mantengan neutros en el conflicto. Lo que provoca todos esos cambios en la conciencia de las clases es la situación objetiva: la crisis económica, social y política.

Por último, el miedo y la división de la burguesía necesitan contaminar a las fuerzas armadas, principal pilar de cualquier Estado. De esta forma, los órganos represivos también se dividen, volviéndose incapaces de detener la marcha del movimiento de masas.

Es decir, es preciso que se invierta la correlación de fuerzas entre las clases en favor del proletariado. Las clases necesitan intercambiar sus papeles, como en aquellas películas en que las personas intercambian de conciencia y pasan a pensar una con la cabeza de la otra. Toda esa compleja combinación de factores puede ser bastante rara, pero de ningún modo es imposible. De vez en cuando, se da. Toda la historia lo demuestra.

Dirección y organización

El sentido común nos dice que la revolución es imposible si no hay un dirigente. Esta afirmación es parcialmente verdadera y, por lo tanto, parcialmente falsa.

Para bien o para mal, la historia demuestra que las explosiones revolucionarias se dan incluso sin la

existencia de una dirección central. De hecho, este ha sido el gran problema de las revoluciones: las masas salen a las calles, derrotan ejércitos, derrumban regímenes y gobiernos, pero no consiguen encontrar una salida para la situación. La energía revolucionaria se dispersa como el vapor saliendo de una olla a presión mal sellada.

La dirección y la organización son necesarias, pero no para que exista una revolución, sino para que sea victoriosa. Pero, ¿qué es un dirigente? Es aquel que muestra el camino, que organiza las fuerzas y establece los objetivos del combate, que reúne las tropas después de la batalla y resume las lecciones de cada lucha. Es evidente que las masas lo necesitan para vencer.

Toda revolución crea millones de pequeños dirigentes que cumplen esas tareas. Surgen naturalmente en cada barrio, fábrica y escuela y conducen a las masas en sus acciones cotidianas. Pero las redes horizontales no bastan. La revolución no se da en el facebook o en el twiter. Es necesaria una estructura vertical, que organice el proletariado en todo el país y sea capaz de, una vez derribado el orden vigente, establecer su propio gobierno en todo el territorio nacional. Llamamos a esas estructuras organizaciones de doble poder, ya que rivalizan con el Estado burgués, disputándole el control de la sociedad.

A lo largo de la historia, esas organizaciones surgieron en prácticamente todas las revoluciones y recibieron distintos nombres: soviets o consejos en Rusia en 1917, cordones industriales en Chile en los años 70, comités de fábrica en Alemania en los años 20, etc. La crisis del Estado burgués y la autoridad de dichas organizaciones ante las masas hacen que se conviertan en verdaderos "Estados paralelos", emitiendo órdenes, controlando parte de la economía, creando milicias armadas, etc. La burguesía ve todo eso, reclama, patalea, pero no consigue hacer nada. La toma del poder por el proletariado deja de ser un sueño distante y se convierte así en una tarea posible y urgente.

Pero todo eso no basta. Es preciso que al frente de esas organizaciones estén dirigentes conscientes, que tengan claridad sobre los objetivos, que sepan dónde quieren llegar y a través de qué medios, que sepan proponer a las masas las tareas más adecuadas para cada momento. En otras palabras, es preciso que las organizaciones de doble poder sean dirigidas por un partido revolucionario, disciplinado y combativo, democrático y obrero. Todo el heroísmo y la mejor organización del mundo no son nada sin un programa.

Revolución y violencia

El sentido común nos dice que la revolución es ruin porque derrama sangre. Este argumento suena extraño, sobre todo si miramos las chabolas de Rio de Janeiro, por ejemplo, que no viven ninguna revolución, pero donde la sangre de los trabajadores es derramada todos los días por las tanquetas de las tropas policiales de asalto, por la milicia y por los traficantes.

Pero, en realidad, la respuesta a ese argumento es: depende. Los revolucionarios no somos amantes de la violencia, de la misma forma que los obreros no organizan piquetes en las huelgas porque les gusta pegarles a sus compañeros. Se trata de una necesidad de la lucha.

No podemos prometer una revolución "bonita", "de terciopelo" o cualquier otro adjetivo dulce. El proletariado no tiene buenos modos, tal vez porque la burguesía nunca le ha enseñado así. Lo que sí que podemos decir es que cuanto más masivo sea el apoyo a la revolución, menos sangre se derramará. Durante la toma del poder por los bolcheviques en Rusia en 1917 murieron siete personas, la mayoría atropellada accidentalmente por los blindados que patrullaban las calles de la capital. La burguesía simplemente se escondió. Sin embargo, en la Guerra Civil, organizada por el imperialismo para derrotar a la república soviética, murieron millones. Quién ejerció la violencia fue a contrarrevolución, no el proletariado.

Victoria y derrota

La toma del poder por el proletariado no cierra la revolución. Al contrario. Las masas toman el poder porque llegan a la conclusión de que sin él no conseguirán resolver sus problemas más elementales: comida, paz, tierra, libertad, etc. De esa forma, la instauración del poder obrero abre una nueva etapa en el proceso revolucionario: la etapa de las medidas revolucionarias, de la dictadura del proletariado. En esta etapa, las masas se enfrentan con todo el tipo de enemigos y adoptan todas las medidas necesarias para la victoria: la expropiación de la burguesía, la planificación económica, la resistencia armada, etc.

Así, para triunfar definitivamente, la revolución necesita profundizarse dentro del país y expandirse hacia fuera de él, rompiendo el cerco imperialista. La supervivencia de la revolución depende de su capacidad de contaminar otros territorios, en primer lugar a los países imperialistas más importantes. Solamente así es posible atar de pies y manos al imperialismo y evitar el contraataque. Como en el fútbol, "quien no da, recibe". La revolución no admite "jugar a la defensiva". Cualquier intento de "convivencia pacífica" con el imperialismo significará la muerte lenta de la nación proletaria. La revolución debe ser internacional o será derrotada.

Revolución y futuro

La burguesía prefiere ver el fin del mundo antes que el fin del capitalismo. Tal vez porque entienda correctamente que el fin del capitalismo será para ella el fin de su mundo. Pero sólo para ella. Para el proletariado, al contrario, el triunfo de la revolución será sólo un nuevo comienzo, significará el término de la prehistoria del hombre y el inicio de la verdadera historia de la humanidad.

7

QUÉ ES LA RELIGIÓN

Mateo es obrero metalúrgico en Sabadell, Cataluña. Ya hace algún tiempo que opera con facilidad un torno CNC (Comandos Numéricos Computadorizados) de última generación, pero no tiene todavía su diploma de FP. Está estudiando. Mientras charlamos, él nos explica la composición química de los metales, sus características físicas y cómo cada uno de ellos se comporta frente a la poderosa máquina que los desgasta sin piedad, convirtiéndolos en objetos útiles. Mateo es adventista y, por lo tanto, no cree en la Teoría de la Evolución de las Especies o que la Tierra tenga 4,5 mil millones de años. Mateo también está en Corrent Roig. Es uno de los militantes más serios y dedicados.

Cierta vez, otro obrero, luterano convicto, le preguntó a Mateo ¿por qué una persona religiosa como él militaba en una organización que defiende la revolución socialista y, encima, está llena de ateos? Mateo tardó en contestar, probablemente pensando en todos los puntos del programa de Corrent Roig que van en contra de sus convicciones religiosas. Mateo quería convencer a su colega, pero no quería mentirle ni esconder sus angustias. Su respuesta fue la más simple y la más profunda que se podría dar: "Porque no puedo estar al lado del opresor."

¿Habrá contradicción entre operar una máquina moderna y renegar la teoría de Darwin? ¿Entre practicar una religión y odiar al patrón como un enemigo moral? Puede que sí pero, ¿quién lo irá a juzgar? Mateo tiene incontables creencias, pero no cree que la miseria sea voluntad de Dios, ni que sólo su fe podrá protegerlo de los accidentes de trabajo. Por eso milita en una organización revolucionaria y toma todas las precauciones al operar el torno. Es decir, en aquello que es más importante, Mateo tiene una visión científica de la realidad. Eso le es suficiente. Para él, la religión es parte de otra esfera, es un asunto privado, de fuero interno, que no se mezcla con trabajo, militancia o amistad. La comprensión de Corrent Roig sobre la religión es la misma que la de Mateo: mucho más importante que dividir los obreros en base a la religión o a la falta de ella, es unirlos en la lucha común contra el capitalismo.

El origen de la religión

El hombre primitivo era cazador. Hace aproximadamente 40 mil años era una costumbre cazar en grupos durante el día y descansar junto al fuego por la noche. Cuando miraban el cielo nocturno, nuestros ancestros percibían puntos de luz parecidos a los puntos que emanan del fuego, pero a una gran distancia. Eran estrellas, pero nadie lo sabía. Comenzaron a imaginar que el cielo era una especie de "otro piso" del mundo, habitado también por cazadores como ellos, pero mucho más poderosos, porque sus fuegos se quedaban suspendidos en el aire.

En seguida, se dieron cuenta también que algunos puntos de luz en el cielo, una vez unidos, formaban dibujos específicos: un oso, un pájaro, una lanza, etc.. Siempre imágenes ligadas a la caza. Eran las constelaciones, pero nadie lo sabía tampoco. Somnolientos y hambrientos, confusos y curiosos, nuestros antepasados comenzaron a imaginar que estos cazadores celestiales gobernaban el mundo aquí abajo. Si no fuera así, ¿por qué habría escenas de cacerías dibujadas en el cielo? ¡No podía ser una coincidencia! La conclusión que sacaron era que había que agradar a estos seres para que las cacerías aquí abajo fueran exitosas. Surgían así los primeros rituales, siempre con un mismo objetivo práctico: proveer la tribu de caza, pesca y colecta abundante. La religión tiene origen, por lo tanto, no en la revelación divina, sino en la actividad social de los mismos hombres, en el miedo y admiración que sintieron frente a fenómenos que ellos no entendían.

Sólo muy recientemente, hace aproximadamente 5 mil años, la cacería y la colecta fueron sustituidas por la pecuaria y la agricultura. La familia, antes dirigida por la mujer, pasó a ser comandada por el hombre. La autoridad paterna se convirtió en ley. Su consecuencia en el ámbito religioso es que los cultos paganos comenzaron a dar lugar a la idea de un único Dios-Padre todopoderoso. Una vez más, el hombre proyectaba en los cielos lo que él mismo hacía en la tierra. La historia de cualquier religión es la repetición de este esquema básico.

Religión y moral

El término religión viene del latín religio, que significa "religar". Religión es el conjunto de creencias, rituales y concepciones que buscan restablecer los lazos entre el mundo terreno y el mundo celestial. La religión supone un conjunto de reglas, de patrones de comportamiento y de posicionamientos morales que se deben observar para que el individuo se mantenga ligado a Dios. Por eso, hoy en día, es normal que toda religión se posicione sobre cuestiones como el aborto, la homosexualidad y el adulterio. Pero la verdad es que no siempre fue así...

Una misma religión se transforma a lo largo del tiempo. En el cristianismo, por ejemplo, los rituales y preceptos morales de hoy no son iguales a los del pasado. Como eran perseguidos en el Imperio Romano, los primeros cristianos formaban una comunidad cohesionada y clandestina, realizando sus cultos en las catacumbas de Roma, escondidos de todo y de todos. Para integrar esa comunidad era necesario un gran sacrificio, no sólo porque la religión era perseguida, sino porque aquél que deseara juntarse a la comunidad debería dividir todos sus bienes con ella.

Así, las primeras comunidades cristianas eran comunistas en su cotidianidad. La misma Biblia, en los Hechos de los Apóstoles, libro que describe la vida de los cristianos en los primeros años tras la muerte de Jesús, relata: "No había entre ellos ningún necesitado, porque todos los que poseían campos o casas los vendían, traían el importe de la venta, y lo ponían a los pies de los apóstoles, y se repartía a cada uno según su necesidad." (Hechos 4: 34 y 35)

Los primeros cristianos eran extremadamente libres en su comportamiento moral. Incluso las familias eran prácticamente disueltas en las comunidades, debido a la convivencia en grandes grupos cerrados. Prevalecía el cuidado colectivo de los hijos y las tareas domésticas. Durante los cultos, las mujeres ejercían un papel tan importante como los hombres y podían conducir cualquier ceremonia. No se controlaba la vida de nadie, salvo si el colectivo fuera realmente afectado. Vivían y oraban juntos, y eso era todo.

¡Cuánta diferencia entre la conducta de los primeros cristianos y lo que pregona hoy la organización liderada por Francisco! La Iglesia Católica tiene alrededor de mil doscientos millones de seguidores en el mundo, detenta un Estado propio, el Vaticano, con fuerzas armadas, servicios de inteligencia, pasaportes y, obviamente, un banco, el Banco del Vaticano. Las iglesias pasan el dinero al Vaticano a través del llamado "Óbolo de San Pedro", una especie de línea bancaria directa, libre de impuestos, que conecta la Santa Sede a las comunidades eclesiásticas. Como si no fuera suficiente, los padres y obispos católicos son frecuentemente acusados de acoso sexual a jóvenes y niños en distintas partes del mundo, y a la vez, el Papa condena el condón y los anticonceptivos.

Desgraciadamente, las iglesias protestantes, evangélicas y neopentecostales se diferencian de la Iglesia Católica sólo por la dimensión de los escándalos. En esencia, son iguales. Basta recordar las palabras

del obispo brasileño Edir Macedo, fundador y dueño de la Iglesia Universal del Reino de Dios, en un conocido vídeo grabado por un ex pastor con una camera escondida: "Si quieres ayudar a alguien, amén. Si no quieres ayudar, Dios encontrará otra persona para ayudar. Amén. ¿Entendiste cómo va el tema? Se quieres, amén. Si no quieres, a tomar por culo. Ou dá ou desce!"

Con raras excepciones, curas y pastores de todas las iglesias se comportan como verdaderos mercaderes del templo. Los trabajadores que buscan paz espiritual en la religión tendrán más éxito si rechazan a estos intermediarios.

La visión religiosa del mundo

El cristianismo, confesión predominante en España, es mucho más que una religión. Es también una visión de mundo. Eso significa que lo que busca es explicar absolutamente todos los fenómenos del universo: la Tierra, el Sol, el hombre, la sociedad, la historia, la propia religión etc. El cristianismo es, por lo tanto, un sistema filosófico completo.

Para el cristianismo, el universo es estático, con una jerarquía que jamás se podrá cambiar. En la cumbre está el ser supremo, Dios todopoderoso. Muy abajo está el hombre. Todo lo que sucede es voluntad divina. Al hombre queda reservado el papel de instrumento de la voluntad de Dios: "Porque Dios es el que produce en ustedes el querer y el hacer, conforme a su designio de amor". (Filipenses 2:13). El hombre, según el cristianismo, no tiene, de hecho, ninguna decisión, mucho menos libre.

Esta visión jerárquica del mundo lleva a la pasividad y a la aceptación del orden social existente porque todo se justifica en la voluntad del Creador. No son pocas las citas bíblicas en que se aclama a la obediencia y la servidumbre: "Siervos, obedeced en todo a vuestros amos terrenales, no sirviendo al ojo, como los que quieren agradar a los hombres, sino con corazón sincero, temiendo a Dios. (Colosenses 3:22). O entonces: "Aquel siervo que conociendo la voluntad de su señor, no se preparó, ni hizo conforme a su voluntad, recibirá muchos azotes." (Lucas 12:47). Y más: "Exhorta a los siervos a que se sujeten a sus amos en todo, que sean complacientes, no contradiciendo..." (Tito 2:9). Con esta base filosófica, no es de extrañar que la Iglesia Católica nunca se haya pronunciado en contra de la esclavitud.

El mito de la inferioridad de la mujer

Para el cristianismo, la mujer es un subproducto del hombre: "Porque el varón no procede de la mujer, sino la mujer del varón," (1 Corintios 11:8). Además, fue creada con el único objetivo de hacer compañía al hombre, ser su "ayuda idónea" (Génesis 2:18 y 20). Para empeorar, engañada por la serpiente, la mujer terminó como la responsable de la introducción del pecado en el mundo. El precio pagado por eso no fue bajo: "A la mujer dijo: Multiplicaré en gran manera los dolores en tus preñeces; con dolor darás a luz los hijos; y tu deseo será para tu marido, y él se enseñoreará de ti." (Génesis 3:16). Más adelante la Biblia establece con detalles el papel de la mujer en la sociedad: "Porque no permito a la mujer enseñar, ni ejercer dominio sobre el hombre, sino estar en silencio." (1 Timoteo 2:12). O aún: "Así que, como la iglesia está sujeta a Cristo, así también las casadas lo estén a sus maridos en todo." (Efesios 5:24). ¿Cuál es la diferencia entre estas citas y las normas de comportamiento femenino recomendadas por el tan criticado Corán? Ninguna.

Socialismo y religión

La doctrina socialista no combate la fe, pero si la visión religiosa del mundo, lo que es muy distinto. Los socialistas rechazan la idea de un destino preestablecido y una jerarquía entre las personas y los sexos. Creen que hombres y mujeres son iguales y que ambos, juntos, hacen su propia historia. El socialismo es también, al contrario de lo que intentan hacer parecer, una doctrina profundamente moral: en ella, los principios de igualdad, solidaridad y libertad, ocupan un lugar central. Si estos hombres y mujeres, activos y libres, conscientes y solidarios, tienen en sus corazones dioses, santos, profetas u orishas, para los socialistas no tiene la menor diferencia.

Es la misma Biblia que enseña: El rico es sabio ante sus propios ojos, pero el pobre que es entendido, lo sondea." (Proverbios 28:11). No pierden por esperar aquellos que viven de la pobreza y de la desesperación ajenas. La revolución socialista dará a los pobres el pan y la paz hace milenios prometidas por las religiones y promoverá la completa separación entre el Estado y las iglesias. Asimismo, la libertad de culto será proclamada una ley inviolable. De esta forma, el gobierno socialista disolverá lentamente las bases sobre las cuales se asientan las iglesias: por un lado, la miseria material y espiritual de la población y, por otro, la financiación, directa o indirecta, por parte del Estado. El hombre será hombre y no más rebaño.

El socialismo será el renacimiento del comunismo de los antiguos cristianos perseguidos, pero en un nivel muy superior ya que será una partición verdaderamente universal. En la lucha por una existencia digna en esta vida, todos los religiosos honestos deben elegir: estar del lado del rico opresor o junto con sus hermanos trabajadores.

8

QUÉ ES EL MACHISMO

Según el diccionario Michaelis, machismo es "un comportamiento de quien no acepta la igualdad de derechos entre el hombre y la mujer". En el ámbito político, definir el machismo exige una mayor complejidad. Para nosotros, el machismo es una ideología creada por la sociedad de clases para mantener la propiedad privada, al servicio de la dominación y también de la explotación.

Una forma de opresión

Llamamos opresión a toda conducta o acción encaminada a transformar las diferencias en desigualdades, de manera que éstas sean utilizadas en beneficio de un determinado grupo en relación a otro. Cuando eso se da entre blancos y negros, lo llamamos racismo. Entre hombres y mujeres, lo llamamos machismo.

La opresión se expresa de varias formas. En la broma que ridiculiza a las mujeres por su condición de mujer: "conduce mal, sólo podía ser mujer". En la diferencia salarial entre hombres y mujeres: en el 2012 las mujeres en el estado español sólo percibieron el 77.45% del salario de los hombres. En la agresión física, verbal o psicológica. En lo que va de año, 16 mujeres han sido asesinadas por violencia machista en el estado español, a lo que hay que añadir las agresiones y humillaciones que sufren las mujeres a diario.

Una ideología

Pero el machismo no es sólo fruto de una conducta individual. Es una ideología, o sea, un sistema de falsas ideas que crean una falsa verdad que es utilizada por el sistema para mantener la dominación y ampliar la explotación. La idea principal es que las mujeres son inferiores a los hombres y, por tanto, no pueden asumir determinadas tareas o tener determinados comportamientos.

Es mediante esa ideología que se naturaliza el hecho de que las mujeres son las "reinas del hogar", que tienen por obligación cuidar de los hijos, de la casa y del marido sin percibir nada por eso. Esa ideología es transmitida por la escuela, las familias, las iglesias, a través de los medios de comunicación y de todas las instituciones que reproducen el sistema capitalista. De tanto ser reafirmada pasa a ser natural, común, inmutable.

Una creación de la sociedad de clases

La opresión (el machismo) no ha existido siempre. Fue creada para justificar la división de la sociedad en clases. En las sociedades comunistas primitivas, las mujeres, junto a los hombres, se hacían cargo de las tareas domésticas y participaban de la producción social.

Con la aparición de la sociedad de clases, la instauración de la propiedad privada y la necesidad de acumulación y herencia, era necesario dividir a las familias e instaurar la monogamia para preservar la propiedad privada. Con eso, las mujeres fueron retiradas del ámbito público, de la producción y de la supervivencia, y arrojadas al ámbito doméstico. De esta manera, se les prohibió trabajar, estudiar y participar de las actividades políticas.

Machismo y capitalismo

La lucha de las mujeres por la igualdad de derechos obligó al capitalismo a traer a las mujeres hacia la producción social nuevamente. La posibilidad de que las mujeres salieran del ámbito doméstico fue una gran conquista. Pero, como toda conquista en el capitalismo, fue apropiada por éste para favorecer la explotación y sus beneficios. Y las ideologías que antes eran utilizadas para mantener a la mujer en el hogar, pasaron a ser utilizadas para justificar jornadas excesivas de trabajo y salarios inferiores.

Al mismo tiempo, el capitalismo se apropió del papel que la mujer cumplía antes, hacer las tareas domésticas, y lo naturalizó. De esta manera, la mujer mantuvo la obligación de cuidar de las tareas domésticas y pasó también a

trabajar fuera. Esto hace que ellas tengan doble o triple jornada. Y el beneficiario de esto es el capitalismo.

Esta mecánica es muy positiva para la burguesía, pues, mientras que las mujeres tienen la responsabilidad de cuidar de los hijos, el Estado y la burguesía se quitan esa obligación y economizan. No necesitan construir comedores, ni guarderías, ni lavanderías públicas.

Transfieren para los trabajadores, en este caso más concretamente para las trabajadoras, la responsabilidad que sería del Estado. Trabajan gratis no para el marido, sino para el sistema.

Cuando el hombre trabajador trata a su mujer, también trabajadora, como una empleada, que tiene como obligación cuidar de las tareas domésticas sola, está reproduciendo esa ideología burguesa, al servicio de mantener la ganancia de los explotadores. Si encima hace eso utilizando la violencia física o psicológica es aún peor. Reproduce, con el uso de la fuerza, el poder de la ideología, dejando claro que las mujeres han de obedecer y resignarse frente a las agresiones. Por tanto, esa mentira del capitalismo es un falso privilegio para los hombres, pues los grandes beneficiarios son los burgueses.

Es cierto que los hombres pueden beneficiarse inmediatamente de esta condición. Pero, si son socialistas y quieren echar abajo el sistema, necesitan también enfrentar el brazo del capital dentro del hogar, porque lo que se reproduce no es una relación entre dos personas, sino los intereses del capitalismo.

Combatir el machismo es necesario

Para que la lucha contra la burguesía y sus gobiernos sea victoriosa, no puede ser hecha sólo con la mitad de los trabajadores. Hoy día las mujeres son más de la mitad de la clase trabajadora. No conseguiremos nunca unificar a todos los trabajadores si descalificamos a las mujeres, si no observamos que hay demandas específicas, si no incorporamos sus reivindicaciones y no las ganamos para la lucha.

La idea de que esta discusión "divide a la clase" o que tiene que ser hecha "tras la revolución" es falsa y sólo sirve para mantener el capitalismo. Lo que divide a la clase es el machismo, porque oprime a las mujeres, coloca a los hombres contra las mujeres y las mujeres contra ellas mismas.

Superación del machismo y superación de la sociedad de clases

Marx, Lenin y Trotsky situaron la lucha por las reivindicaciones de las mujeres como una de las principales tareas de los trabajadores, desde el Manifiesto Comunista. Esto es hoy día completamente actual.

Es necesario dar un combate permanente al machismo, dentro de los partidos políticos, de las entidades de lucha del movimiento y en nuestra vida cotidiana para que podamos salir victoriosos.

Pero también es necesario no tener la ilusión de que podamos acabar con él dentro del capitalismo. En esta lucha tenemos dos tareas: combatirlo, corregirlo y buscar evitarlo con todas nuestras fuerzas. La otra es organizarnos, hombres y mujeres, para derrotar la sociedad de clases y, con ella, el machismo.

9

QUIÉN FUE LEÓN TROTSKY

Liev Davidovich Bronstein nació el 26 de octubre de 1879 en el pueblo ucraniano de Yanovka, Imperio ruso. Judío, hijo de campesinos medios, adhirió al marxismo a los 19 años y pasó a reunir a los obreros de la región en una organización político-sindical denominada "Unión Obrera del Sur de Rusia".

Trotsky (seudónimo tomado de su carcelero en 1902) vivió tres largos exilios fuera de Rusia (1902-1905, 1907-1917 y 1927-1940), pero también participó de tres revoluciones (1905, febrero de 1917 y octubre de 1917). Fue dos veces presidente del soviet de Petrogrado (1905 y 1917). Trabajó como periodista en dos guerras: en los Balcanes, en 1910, y durante la Primera Guerra Mundial, en 1914. Miembro del Comité Militar Revolucionaria durante la insurrección de octubre de 1917, dirigió los operativos que llevaron los bolcheviques al poder. Después de la victoria de la insurrección, asumió el Comisariado del Pueblo para Asuntos Extranjeros y estuvo en la cabeza de las negociaciones de la paz con Alemania en 1918.

Formó y dirigió el Ejército Rojo, cuyo contingente llegó a cinco millones de hombres y mujeres, en 1920. Venció 14 ejércitos extranjeros durante la guerra civil. Después de

1921, se dedicó a las cuestiones económicas del joven estado obrero.

Inspiró, junto a Lenin, la formación de la III Internacional, redactando sus principales documentos y declaraciones. Tras la muerte de Lenin, trabó una batalla política contra la burocratización del estado soviético y la degeneración del Partido Bolchevique. Expulsado de la URSS, en 1927, por denunciar el curso anti-proletario de la fracción de Stalin, Trotsky recorrió el mundo durante 10 años en busca de asilo, hasta tener su pedido aceptado por el gobierno mexicano en 1937.

El hombre

Trotsky era de estatura mediana, tenía pelos negros y rizados, grandes ojos azules, voz metálica y habla rápida. Al discursar, gesticulaba rica y elegantemente. Trabajó con Lenin en Londres en el equipo de redacción del Iskra, el primer periódico bolchevique. Después de la ruptura entre bolcheviques y mencheviques, en 1903, se alejó de Lenin por varios años. Nunca fue, sin embargo, menchevique.

Tuvo cuatro hijos, de dos matrimonios. Todos murieron antes que él, dos de los cuales asesinados por el estalinismo. Conoció la más absoluta gloria y el más terrible fracaso. Nunca encaró, sin embargo, ni uno ni otro, desde un punto de vista personal. Para Trotsky, su suerte era la suerte del proletariado en lucha, sus glorias y fracasos eran las glorias y fracasos de la clase obrera mundial y, por lo tanto, de carácter esencialmente político.

En los tempestuosos días de octubre de 1917, en vísperas de la toma del poder, abordado por un periodista para que le diera una declaración en nombre de los bolcheviques, Trotsky respondió: "La única declaración posible en este momento es la que hacemos por la boca de nuestros cañones", y siguió a pasos apresurados para la sed del Comité Militar Revolucionario. Así hablaba Trotsky. Y del mismo modo que hablaba, actuaba.

La obra

Trotsky era un hombre de acción, pero no de acción sin verdad. Para él, la actividad práctica revolucionaria era inseparable del estudio y del trabajo intelectual. A los 26 años, en base a la experiencia de la revolución de 1905, formuló la "Teoría de la Revolución Permanente", en la que previa que, en la Rusia retrasada y semi-feudal, con una burguesía débil y vacilante, la revolución democrática contra el zarismo conduciría inevitablemente a la dictadura del proletariado. Doce años más tarde sus pronósticos se cumplirían de manera categórica.

Pero su trabajo teórico más importante es, sin duda, "La revolución traicionada", de 1936. En este libro, en que Trotsky analiza el proceso de burocratización de la URSS y del Partido Bolchevique, sentencia: o la clase obrera soviética, bajo la dirección de un partido revolucionario, hace una revolución política, que saque de los soviets a la burocracia estalinista parasitaria, o el capitalismo será restaurado en Rusia. Cincuenta años después, la restauración del capitalismo en todos los países con economía planificada confirmó, de modo dramático, la previsión de Trotsky.

Trotsky posee una vasta obra sobre un infinidad de asuntos. Escribió sobre literatura, psicología, opresión de la mujer, moral y muchos otros temas. Analizó y nos dejó valiosas lecciones sobre cada uno de los procesos revolucionarios que presenció: la revolución alemana (1923), la revolución china (1927), la revolución española (1931-36) y el inicio de la Segunda Guerra Mundial. Nos dejó también dos obras bellísimas de inestimable valor histórico y literario: "Historia de la revolución rusa" y "Mi vida", su autobiografía.

El mayor legado

Para Trotsky, no obstante, su mayor hecho no fue la victoria de la Revolución de Octubre, ni la formación del ejército rojo o la construcción de la III Internacional, sino el hecho de haber dado la pelea por la continuidad de la tradición marxista mediante la fundación de la IV Internacional, en 1938. Trotsky solía decir que si él no estuviera presente en Petrogrado en octubre de 1917, Lenin aún así hubiera asegurado la victoria de la insurrección. Lo mismo habría pasado en la guerra civil y la III Internacional. Pero la construcción de la IV Internacional era una tarea que solo él podría cumplir, una vez que Lenin ya había muerto. Sin la construcción de una nueva Internacional, la tradición marxista y proletaria se perdería para siempre, producto de la degeneración de la III Internacional, ya controlada por el estalinismo.

Las duras condiciones en que la IV Internacional se construyó hacían su fundación aún más necesaria. El estalinismo había triunfado en la URSS y el nazismo había llegado al poder en Alemania. Era necesario formar una Internacional capaz de continuar, cuando las condiciones lo permitieran, la lucha de Marx, Engels, Lenin, Rosa y del propio Trotsky.

El asesinato

Después de ser golpeado en la cabeza con un piolet por Ramón Mercader, un agente de la GPU, la policía política estalinista, Trotsky aún luchó contra la muerte por 22 horas y murió el 21 de agosto de 1940. Miles comparecieron a su velatorio.

En el hospital, antes de perder definitivamente la consciencia, Trotsky pidió a su secretario que registrara su último mensaje: "Estoy próximo a la muerte por el golpe de un asesino político. Él me golpeó en mi sala, luché con él... nosotros entramos....él me golpeó...por favor, diga a nuestros amigos....tengo confianza...en la victoria...de la IV Internacional....adelante!"

A los 75 años de su asesinato, las ideas de Trotsky permanecen vivas en la lucha y la organización de la clase trabajadora mundial. Trotsky murió. Viva Trotsky!

Sobre Corriente Roja

Corriente Roja somos una organización revolucionaria de la clase obrera, formamos parte desde jóvenes hasta pensionistas. Pretendemos construir una organización que se preocupe por los intereses y necesidades de la clase obrera y sea partícipe de sus movilizaciones y luchas.

Somos una organización que discute con la base y decide junto a ella la actuación en las calles, barrios, empresas, escuelas y universidades. Todo lo contrario a los partidos y sindicatos burocráticos controlados por una cúpula y donde la base no es partícipe y solo le toca obedecer.

Además, formamos parte de la Liga Internacional de Trabajadores – IV Internacional (LIT – CI), donde están presentes más de 20 países que luchan por construir una Internacional revolucionaria.

En Corriente Roja defendemos la formación marxista como parte imprescindible de la militancia revolucionaria. Por ello, esperamos que la edición de estos manuscritos sirva de herramienta teórica a todas aquellas personas que luchan por la transformación de nuestra sociedad.